AF349755

LE

PRIEURÉ DE HEYMONRUPT

PAR

H. LEFEBVRE

(Extrait des *Mémoires de l'Académie de Stanislas*, 1898)

NANCY

IMPRIMERIE BERGER-LEVRAULT ET Cⁱᵉ

18, RUE DES GLACIS, 18

1899

LE
PRIEURÉ DE HEYMONRUPT

PAR

E. VILLARD

AVOCAT GÉNÉRAL

NANCY, Rue Charles III, 68

NANCY

IMPRIMERIE BERGER-LEVRAULT ET Cⁱᵉ

18, RUE DES GLACIS, 18.

—

1899

plaisir à l'évocation du passé de ce
modeste Prieuré qui, tout humble qu'il était,
n'a pas échappé aux dévastations de la guerre,
et qu'il nous est facile, grâce aux notions précises
que nous en donne Monsieur Lefebvre, de
voir revivre dans le cadre des anciens siècles,
avec sa vie propre, sa fonction sociale et
la Gaule qui y régnaient autrefois et ... aujour-
d'hui ...

Frédéric J. le Lorrain
7 9b 99

LE
PRIEURÉ DE HEYMONRUPT

PAR

H. LEFEBVRE

(Extrait des *Mémoires de l'Académie de Stanislas*, 1898).

NANCY
IMPRIMERIE BERGER-LEVRAULT ET Cie
18, RUE DES GLACIS, 18.

1899

LE

PRIEURÉ DE HEYMONRUPT

Des recherches entreprises, depuis longtemps déjà, sur la célèbre châtellenie de Pierrefort, avaient attiré notre attention sur un vieux et obscur prieuré enfoui dans un coin reculé et des plus pittoresques des environs de Pont-à-Mousson.

Nous voudrions le signaler aux touristes, aux amateurs de sites solitaires autant qu'ignorés, bien moins pour son importance historique — il n'en a point — qu'à raison du cadre qui l'entoure ; à ceux surtout aux yeux desquels un peu d'archéologie, bien loin de nuire aux beautés de la nature, ne fait que les revêtir d'un nouvel attrait, l'attrait tout poétique des lointains souvenirs.

Au mois de décembre 1311, le comte de Bar Édouard [er] assignait, en accroissement de fief, à son oncle Pierre de Bar [er], sire de Pierrefort et de Bouconville, 400 livrées de terre [1].

La livrée de terre, on le sait, était l'étendue de terre

---

1. La livre tournois valant alors environ 15 fr. de notre monnaie, 400 livrées de terre représentaient un revenu de 6,000 fr. intrinsèquement.

pouvant produire un revenu d'une livre tournois. La livrée de terre ne s'attribuait pas toujours en terre, on en donnait souvent l'équivalent sous une autre forme; c'était, dans ce cas, une sorte de monnaie ou de valeur de compte, comme la livre tournois.

Bref, pour parfaire ces 400 livrées, le comte Édouard abandonnait à son oncle les droits de garde de la *foire de Heymonrupt*[1] et tout ce qu'il possédait à Pompey, aux Saizerais, à Marbache et à Varnéville[2].

Il est encore question de cette foire dans un autre acte du même Pierre de Bar et de Henri, son fils, en 1344.

Qu'est-ce donc que Heymonrupt? Le pittoresque vallon de Heymonrupt, plus connu aujourd'hui sous le nom de Saint-Jacques, s'étend à quelque distance au nord de Pierrefort, derrière Saint-Jean, sur la limite orientale du territoire de Lironville[3]. Un petit ruisseau coulant entre les bois, dans la direction du nord au sud, y fait tourner un moulin, puis va se perdre dans l'Esse, au moulin de Saint-Jean-sous-Pierrefort. En remontant le vallon dans toute sa longueur, on rejoint la route de Pont-à-Mousson, entre Limey et Montauville, au « Fond-des-Quatre-Vaux ». Tout ce parcours est admirable de verdure, de fraîcheur et de sombres retraites boisées; toutefois, on se figure difficilement une foire en ce désert perdu dans les bois, bien plutôt fait, ce semble, pour les ébats des chevreuils, voire même des loups, que pour des transactions commerciales.

---

1. « Hamonruy » (*Pouillé de Toul de 1402*); « Hamonrus » (*Pouillé de 1711*).

2. Arch. M.-et-M., Cartul. Trougnon, f° 236.

3. Arr. de Toul, cant. de Thiaucourt.

Il en était pourtant ainsi au moyen âge, où une foule
de petits centres commerciaux, depuis longtemps dis-
parus, témoignaient, dans les campagnes, d'une vie
propre beaucoup plus intense que nous ne le supposons.
De ceux-ci, beaucoup se groupaient, comme dans le cas
actuel, autour de quelque image vénérée de la sainte
Vierge ou d'un saint, but de pèlerinages auxquels ils
devaient leur naissance et leur développement.

Un peu au-dessus du moulin, vers le nord, une colline
escarpée semble barrer la vallée, qui fait un coude à
cet endroit ; au pied de cette colline, un site sauvage :
vaste carrefour verdoyant qu'environnent de hautes pentes
couvertes de forêts et où viennent aboutir trois ou quatre
vieux chemins fuyant l'ombre des bois ; tout en haut, se
détache sur la feuillée une construction longue et basse ;
c'est là qu'existait autrefois un prieuré de bénédictins
dépendant de l'abbaye de Saint-Mansuy, de Toul. Au
XVIIIe siècle, ce n'était plus qu'une petite ferme ou *celle*
appartenant à l'abbaye [1]. Aujourd'hui, c'est un simple
rendez-vous de chasse ; on l'appelle « l'Ermitage de Saint-
Jacques ».

La maison, reconstruite au commencement du siècle,
est sans caractère, mais il reste encore, à l'extrémité est,
d'assez importants vestiges de la chapelle.

Ce petit édifice est, sans conteste, de construction ro-
mane ; les murs latéraux, d'appareil moyen très régulier,
en partie remaniés, ont été percés d'ouvertures modernes, mais la paroi qui formait le fond du chœur pré-
sente encore, en sa ligne médiane, une étroite baie de

---

1. *Pouillé de Toul de 1711,* au mot « Hamonrus ».

plein cintre surmontée d'un œil-de-bœuf; tous deux sont intacts. A droite et à gauche, on remarque deux tronçons de corniche ornés de losanges et de dents-de-loup.

Le caractère de ces ruines nous reporte, pour le moins, au XIIe siècle. Or, on lit dans le *Gallia christiana*[1], à l'article *Saint-Mansuy*, qu'en l'année 1101 « *Framerus, vir nobilis* », sur le point d'entreprendre le voyage de Jérusalem, concéda à Théotmare, onzième abbé de Saint-Mansuy, la moitié de l'église de Lironville, « *medietatem ecclesiæ de Leronis-villâ* », ce qui doit s'entendre de la moitié des biens dépendant de cette église.

Ne serait-ce pas à la suite de cette donation, que l'abbaye, devenue propriétaire sur le territoire de Lironville, y bâtit un prieuré? Il n'est pas défendu de le penser. L'abbé Théotmare vivait encore en 1124.

On pourrait croire que le prieuré de Heymonrupt, enclavé dans les domaines des sires de Pierrefort et leur tout proche voisin, eût dû être, de la part de ces seigneurs, l'objet de quelque libéralité; il n'y paraît pas. On est étonné, en lisant les testaments de Pierre de Bar Ier et de Henri de Bar, son fils, de n'y rencontrer, parmi nombre d'aumônes attribuées à divers établissements religieux des Trois-Évêchés, aucune mention du prieuré, ni de l'abbaye. Évidemment, les sympathies de la maison de Pierrefort n'allaient point de ce côté.

En résumé, le prieuré de Heymonrupt ne semble pas avoir laissé d'autre trace dans l'histoire que la simple mention de son nom dans le *Pouillé de Toul de 1402*, publié par Lepage, et dans celui de 1711, du P. Benoît

---

1. T. XIII. Col. 1089, Paris, 1785.

Picard. Il n'a jamais dû, d'ailleurs, être considérable : la configuration du terrain s'y oppose et l'exiguïté de la chapelle en est une autre preuve. Au XVIIIe siècle, les biens en dépendant consistaient en bois et en quatre ou cinq jours de terre [1], auxquels il faut joindre le moulin.

Quant au vocable de Saint-Jacques qui a remplacé, dans les temps modernes, le nom gallo-romain de « Heymonrupt », c'était, sans nul doute, celui du titulaire ancien de la chapelle. Une vieille statue de saint Jacques, conservée dans la maison, est vraisemblablement celle-là même qu'on honorait jadis [2] en ce lieu. A ce propos, on lit dans l'*État du temporel des paroisses* (1708) [3], à l'article *Lironville :* « A un quart de lieue de Lironville, il y a une espèce d'ermitage et de chapelle que l'on dit qui estoit autrefois un prieuré appelé « Hamonrupt » et qui a un petit ban séparé qui comprend des bois et des terres... à laquelle chapelle on doit aller annuellement dire la messe paroissiale, le lendemain de Pâques, le jour de *saint Jacques* et saint Philippe et le jour de *saint Jacques* et saint Christophe... et l'on doit au curé un franc et un dîner. Lequel prieuré appartenoit aux religieux de Saint-Mansuy de Toul, à qui le ban appartient encore actuellement, etc. »

Ceci nous apprend deux choses : premièrement, qu'en 1708, il n'était plus question de cette foire, dont nous

---

1. De Maillet, *Mém. pour servir à l'Histoire... du Barrois*. Bar, 1773.

2. Nous n'avons pu pénétrer dans l'intérieur de la maison, qui est toujours fermée, mais M. l'abbé Lorrain, curé de Noamey, nous a affirmé que la statue est réellement ancienne; elle est en pierre...

3. Arch. M.-et-M., B, 289.

avons constaté l'existence au moyen âge, et dont il semble
même qu'on eût perdu jusqu'au souvenir; deuxième-
ment, que le prieuré, délaissé par les bénédictins, avait
été abandonné à la paroisse[1].

La guerre franco-suédoise avait passé sur la malheu-
reuse Lorraine, n'y laissant rien debout; on en devine
les effets jusque dans cette paisible solitude.

De nos jours, on ne dit plus la messe dans la chapelle
en ruines, on n'entend plus, dans la profondeur des bois,
la cloche du prieuré, mais, chaque année, à la fête saint
Jacques et saint Philippe, la tradition ramène en ces
lieux les populations d'alentour. Une fête champêtre ou,
dans le langage du pays, un « rapport » assez fréquenté
éveille à nouveau les échos du vallon, dernier vestige des
pèlerinages d'antan et du marché qui se tenait jadis,
sous la garde redoutable des sires de Pierrefort, à l'ombre
du prieuré.

---

1. Il est à supposer que le métayer des moines résidait alors au
moulin.

Nancy, imp. Berger-Levrault et Cie.

www.ingramcontent.com/pod-product-compliance
Lightning Source LLC
LaVergne TN
LVHW010917180726
843502LV00010B/4178